中华人民共和国农村集体经济组织法
中华人民共和国乡村振兴促进法
中华人民共和国农村土地承包法
中华人民共和国农村土地承包经营纠纷调解仲裁法

大字本

中国法制出版社

图书在版编目（CIP）数据

中华人民共和国农村集体经济组织法 中华人民共和国乡村振兴促进法 中华人民共和国农村土地承包法 中华人民共和国农村土地承包经营纠纷调解仲裁法：大字本 / 中国法制出版社编. -- 北京 : 中国法制出版社, 2024.7. -- ISBN 978-7-5216-4644-3（2025.3重印）

Ⅰ.D922.4

中国国家版本馆CIP数据核字第2024N1R099号

中华人民共和国农村集体经济组织法 中华人民共和国乡村振兴促进法 中华人民共和国农村土地承包法 中华人民共和国农村土地承包经营纠纷调解仲裁法：大字本
ZHONGHUA RENMIN GONGHEGUO NONGCUN JITI JINGJI ZUZHIFA ZHONGHUA RENMIN GONGHEGUO XIANGCUN ZHENXING CUJINFA ZHONGHUA RENMIN GONGHEGUO NONGCUN TUDI CHENGBAOFA ZHONGHUA RENMIN GONGHEGUO NONGCUN TUDI CHENGBAO JINGYING JIUFEN TIAOJIE ZHONGCAIFA：DAZIBEN

经销/新华书店
印刷/三河市紫恒印装有限公司
开本/880毫米×1230毫米 32开　　　　　印张/3.5　字数/39千
版次/2024年7月第1版　　　　　　　　　2025年3月第5次印刷

中国法制出版社出版
书号 ISBN 978-7-5216-4644-3　　　　　　　定价：15.00元

北京市西城区西便门西里甲16号西便门办公区
邮政编码：100053　　　　　　　　　　　传真：010-63141600
网址：http://www.zgfzs.com　　　　　　 编辑部电话：010-63141799
市场营销部电话：010-63141612　　　　　印务部电话：010-63141606

（如有印装质量问题，请与本社印务部联系。）

目 录

中华人民共和国农村集体经济组织法…………（1）

中华人民共和国乡村振兴促进法……………（35）

中华人民共和国农村土地承包法……………（67）

中华人民共和国农村土地承包经营纠纷
　调解仲裁法………………………………（90）

中华人民共和国农村集体经济组织法

（2024年6月28日第十四届全国人民代表大会常务委员会第十次会议通过 2024年6月28日中华人民共和国主席令第26号公布 自2025年5月1日起施行）

目　录

第一章　总　　则

第二章　成　　员

第三章　组织登记

第四章　组织机构

第五章　财产经营管理和收益分配

第六章　扶持措施

第七章　争议的解决和法律责任

第八章　附　　则

第一章 总 则

第一条 为了维护农村集体经济组织及其成员的合法权益,规范农村集体经济组织及其运行管理,促进新型农村集体经济高质量发展,巩固和完善农村基本经营制度和社会主义基本经济制度,推进乡村全面振兴,加快建设农业强国,促进共同富裕,根据宪法,制定本法。

第二条 本法所称农村集体经济组织,是指以土地集体所有为基础,依法代表成员集体行使所有权,实行家庭承包经营为基础、统分结合双层经营体制的区域性经济组织,包括乡镇级农村集体经济组织、村级农村集体经济组织、组级农村集体经济组织。

第三条 农村集体经济组织是发展壮大新型农村集体经济、巩固社会主义公有制、促进共同富裕的重要主体,是健全乡村治理体系、实现乡村善治的重要力量,是提升中国共产党农村基层组织凝聚力、巩固党在农村执政根基的重要保障。

第四条　农村集体经济组织应当坚持以下原则：

（一）坚持中国共产党的领导，在乡镇党委、街道党工委和村党组织的领导下依法履职；

（二）坚持社会主义集体所有制，维护集体及其成员的合法权益；

（三）坚持民主管理，农村集体经济组织成员依照法律法规和农村集体经济组织章程平等享有权利、承担义务；

（四）坚持按劳分配为主体、多种分配方式并存，促进农村共同富裕。

第五条　农村集体经济组织依法代表成员集体行使所有权，履行下列职能：

（一）发包农村土地；

（二）办理农村宅基地申请、使用事项；

（三）合理开发利用和保护耕地、林地、草地等土地资源并进行监督；

（四）使用集体经营性建设用地或者通过出让、

出租等方式交由单位、个人使用；

（五）组织开展集体财产经营、管理；

（六）决定集体出资的企业所有权变动；

（七）分配、使用集体收益；

（八）分配、使用集体土地被征收征用的土地补偿费等；

（九）为成员的生产经营提供技术、信息等服务；

（十）支持和配合村民委员会在村党组织领导下开展村民自治；

（十一）支持农村其他经济组织、社会组织依法发挥作用；

（十二）法律法规和农村集体经济组织章程规定的其他职能。

第六条　农村集体经济组织依照本法登记，取得特别法人资格，依法从事与其履行职能相适应的民事活动。

农村集体经济组织不适用有关破产法律的规定。

农村集体经济组织可以依法出资设立或者参与设立公司、农民专业合作社等市场主体,以其出资为限对其设立或者参与设立的市场主体的债务承担责任。

第七条 农村集体经济组织从事经营管理和服务活动,应当遵守法律法规,遵守社会公德、商业道德,诚实守信,承担社会责任。

第八条 国家保护农村集体经济组织及其成员的合法权益,任何组织和个人不得侵犯。

农村集体经济组织成员集体所有的财产受法律保护,任何组织和个人不得侵占、挪用、截留、哄抢、私分、破坏。

妇女享有与男子平等的权利,不得以妇女未婚、结婚、离婚、丧偶、户无男性等为由,侵害妇女在农村集体经济组织中的各项权益。

第九条 国家通过财政、税收、金融、土地、人才以及产业政策等扶持措施,促进农村集体经济组织发展,壮大新型农村集体经济。

国家鼓励和支持机关、企事业单位、社会团体等组织和个人为农村集体经济组织提供帮助和服务。

对发展农村集体经济组织事业做出突出贡献的组织和个人，按照国家规定给予表彰和奖励。

第十条 国务院农业农村主管部门负责指导全国农村集体经济组织的建设和发展。国务院其他有关部门在各自职责范围内负责有关的工作。

县级以上地方人民政府农业农村主管部门负责本行政区域内农村集体经济组织的登记管理、运行监督指导以及承包地、宅基地等集体财产管理和产权流转交易等的监督指导。县级以上地方人民政府其他有关部门在各自职责范围内负责有关的工作。

乡镇人民政府、街道办事处负责本行政区域内农村集体经济组织的监督管理等。

县级以上人民政府农业农村主管部门应当会同有关部门加强对农村集体经济组织工作的综合协调，指导、协调、扶持、推动农村集体经济组织的建设和发展。

地方各级人民政府和县级以上人民政府农业农村主管部门应当采取措施，建立健全集体财产监督管理服务体系，加强基层队伍建设，配备与集体财产监督管理工作相适应的专业人员。

第二章　成　　员

第十一条　户籍在或者曾经在农村集体经济组织并与农村集体经济组织形成稳定的权利义务关系，以农村集体经济组织成员集体所有的土地等财产为基本生活保障的居民，为农村集体经济组织成员。

第十二条　农村集体经济组织通过成员大会，依据前条规定确认农村集体经济组织成员。

对因成员生育而增加的人员，农村集体经济组织应当确认为农村集体经济组织成员。对因成员结婚、收养或者因政策性移民而增加的人员，农村集体经济组织一般应当确认为农村集体经济组织成员。

确认农村集体经济组织成员，不得违反本法和其他法律法规的规定。

农村集体经济组织应当制作或者变更成员名册。成员名册应当报乡镇人民政府、街道办事处和县级人民政府农业农村主管部门备案。

省、自治区、直辖市人民代表大会及其常务委员会可以根据本法，结合本行政区域实际情况，对农村集体经济组织的成员确认作出具体规定。

第十三条　农村集体经济组织成员享有下列权利：

（一）依照法律法规和农村集体经济组织章程选举和被选举为成员代表、理事会成员、监事会成员或者监事；

（二）依照法律法规和农村集体经济组织章程参加成员大会、成员代表大会，参与表决决定农村集体经济组织重大事项和重要事务；

（三）查阅、复制农村集体经济组织财务会计报告、会议记录等资料，了解有关情况；

（四）监督农村集体经济组织的生产经营管理活动和集体收益的分配、使用，并提出意见和建议；

（五）依法承包农村集体经济组织发包的农村土地；

（六）依法申请取得宅基地使用权；

（七）参与分配集体收益；

（八）集体土地被征收征用时参与分配土地补偿费等；

（九）享受农村集体经济组织提供的服务和福利；

（十）法律法规和农村集体经济组织章程规定的其他权利。

第十四条　农村集体经济组织成员履行下列义务：

（一）遵守法律法规和农村集体经济组织章程；

（二）执行农村集体经济组织依照法律法规和农村集体经济组织章程作出的决定；

（三）维护农村集体经济组织合法权益；

（四）合理利用和保护集体土地等资源；

（五）参与、支持农村集体经济组织的生产经营管理活动和公益活动；

（六）法律法规和农村集体经济组织章程规定的其他义务。

第十五条　非农村集体经济组织成员长期在农村集体经济组织工作，对集体做出贡献的，经农村集体经济组织成员大会全体成员四分之三以上同意，可以享有本法第十三条第七项、第九项、第十项规定的权利。

第十六条　农村集体经济组织成员提出书面申请并经农村集体经济组织同意的，可以自愿退出农村集体经济组织。

农村集体经济组织成员自愿退出的，可以与农村集体经济组织协商获得适当补偿或者在一定期限内保留其已经享有的财产权益，但是不得要求分割集体财产。

第十七条　有下列情形之一的，丧失农村集体经济组织成员身份：

（一）死亡；

（二）丧失中华人民共和国国籍；

（三）已经取得其他农村集体经济组织成员身份；

（四）已经成为公务员，但是聘任制公务员除外；

（五）法律法规和农村集体经济组织章程规定的其他情形。

因前款第三项、第四项情形而丧失农村集体经济组织成员身份的，依照法律法规、国家有关规定和农村集体经济组织章程，经与农村集体经济组织协商，可以在一定期限内保留其已经享有的相关权益。

第十八条　农村集体经济组织成员不因就学、服役、务工、经商、离婚、丧偶、服刑等原因而丧失农村集体经济组织成员身份。

农村集体经济组织成员结婚，未取得其他农村集体经济组织成员身份的，原农村集体经济组织不得取消其成员身份。

第三章　组　织　登　记

第十九条　农村集体经济组织应当具备下列条件：

（一）有符合本法规定的成员；

（二）有符合本法规定的集体财产；

（三）有符合本法规定的农村集体经济组织章程；

（四）有符合本法规定的名称和住所；

（五）有符合本法规定的组织机构。

符合前款规定条件的村一般应当设立农村集体经济组织，村民小组可以根据情况设立农村集体经济组织；乡镇确有需要的，可以设立农村集体经济组织。

设立农村集体经济组织不得改变集体土地所有权。

第二十条　农村集体经济组织章程应当载明下列事项：

（一）农村集体经济组织的名称、法定代表人、住所和财产范围；

（二）农村集体经济组织成员确认规则和程序；

（三）农村集体经济组织的机构；

（四）集体财产经营和财务管理；

（五）集体经营性财产收益权的量化与分配；

（六）农村集体经济组织的变更和注销；

（七）需要载明的其他事项。

农村集体经济组织章程应当报乡镇人民政府、街道办事处和县级人民政府农业农村主管部门备案。

国务院农业农村主管部门根据本法和其他有关法律法规制定农村集体经济组织示范章程。

第二十一条　农村集体经济组织的名称中应当标明"集体经济组织"字样，以及所在县、不设区的市、市辖区、乡、民族乡、镇、村或者组的名称。

农村集体经济组织以其主要办事机构所在地为住所。

第二十二条　农村集体经济组织成员大会表决通过本农村集体经济组织章程、确认本农村集体经济组织成员、选举本农村集体经济组织理事会成员、监事会成员或者监事后，应当及时向县级以上地方人民政府农业农村主管部门申请登记，取得农村集体经济组织登记证书。

农村集体经济组织登记办法由国务院农业农村

主管部门制定。

第二十三条 农村集体经济组织合并的,应当在清产核资的基础上编制资产负债表和财产清单。

农村集体经济组织合并的,应当由各自的成员大会形成决定,经乡镇人民政府、街道办事处审核后,报县级以上地方人民政府批准。

农村集体经济组织应当在获得批准合并之日起十日内通知债权人,债权人可以要求农村集体经济组织清偿债务或者提供相应担保。

合并各方的债权债务由合并后的农村集体经济组织承继。

第二十四条 农村集体经济组织分立的,应当在清产核资的基础上分配财产、分解债权债务。

农村集体经济组织分立的,应当由成员大会形成决定,经乡镇人民政府、街道办事处审核后,报县级以上地方人民政府批准。

农村集体经济组织应当在获得批准分立之日起十日内通知债权人。

农村集体经济组织分立前的债权债务，由分立后的农村集体经济组织享有连带债权，承担连带债务，但是农村集体经济组织分立时已经与债权人或者债务人达成清偿债务的书面协议的，从其约定。

第二十五条　农村集体经济组织合并、分立或者登记事项变动的，应当办理变更登记。

农村集体经济组织因合并、分立等原因需要解散的，依法办理注销登记后终止。

第四章　组 织 机 构

第二十六条　农村集体经济组织成员大会由具有完全民事行为能力的全体成员组成，是本农村集体经济组织的权力机构，依法行使下列职权：

（一）制定、修改农村集体经济组织章程；

（二）制定、修改农村集体经济组织内部管理制度；

（三）确认农村集体经济组织成员；

（四）选举、罢免农村集体经济组织理事会成员、监事会成员或者监事；

（五）审议农村集体经济组织理事会、监事会或者监事的工作报告；

（六）决定农村集体经济组织理事会成员、监事会成员或者监事的报酬及主要经营管理人员的聘任、解聘和报酬；

（七）批准农村集体经济组织的集体经济发展规划、业务经营计划、年度财务预决算、收益分配方案；

（八）对农村土地承包、宅基地使用和集体经营性财产收益权份额量化方案等事项作出决定；

（九）对集体经营性建设用地使用、出让、出租方案等事项作出决定；

（十）决定土地补偿费等的分配、使用办法；

（十一）决定投资等重大事项；

（十二）决定农村集体经济组织合并、分立等重大事项；

（十三）法律法规和农村集体经济组织章程规定

的其他职权。

需由成员大会审议决定的重要事项,应当先经乡镇党委、街道党工委或者村党组织研究讨论。

第二十七条 农村集体经济组织召开成员大会,应当将会议召开的时间、地点和审议的事项于会议召开十日前通知全体成员,有三分之二以上具有完全民事行为能力的成员参加。成员无法在现场参加会议的,可以通过即时通讯工具在线参加会议,或者书面委托本农村集体经济组织同一户内具有完全民事行为能力的其他家庭成员代为参加会议。

成员大会每年至少召开一次,并由理事会召集,由理事长、副理事长或者理事长指定的成员主持。

成员大会实行一人一票的表决方式。成员大会作出决定,应当经本农村集体经济组织成员大会全体成员三分之二以上同意,本法或者其他法律法规、农村集体经济组织章程有更严格规定的,从其规定。

第二十八条 农村集体经济组织成员较多的,可以按照农村集体经济组织章程规定设立成员代表大会。

设立成员代表大会的,一般每五户至十五户选举代表一人,代表人数应当多于二十人,并且有适当数量的妇女代表。

成员代表的任期为五年,可以连选连任。

成员代表大会按照农村集体经济组织章程规定行使本法第二十六条第一款规定的成员大会部分职权,但是第一项、第三项、第八项、第十项、第十二项规定的职权除外。

成员代表大会实行一人一票的表决方式。成员代表大会作出决定,应当经全体成员代表三分之二以上同意。

第二十九条 农村集体经济组织设理事会,一般由三至七名单数成员组成。理事会设理事长一名,可以设副理事长。理事长、副理事长、理事的产生办法由农村集体经济组织章程规定。理事会成员之间应当实行近亲属回避。理事会成员的任期为五年,可以连选连任。

理事长是农村集体经济组织的法定代表人。

乡镇党委、街道党工委或者村党组织可以提名推荐农村集体经济组织理事会成员候选人，党组织负责人可以通过法定程序担任农村集体经济组织理事长。

第三十条　理事会对成员大会、成员代表大会负责，行使下列职权：

（一）召集、主持成员大会、成员代表大会，并向其报告工作；

（二）执行成员大会、成员代表大会的决定；

（三）起草农村集体经济组织章程修改草案；

（四）起草集体经济发展规划、业务经营计划、内部管理制度等；

（五）起草农村土地承包、宅基地使用、集体经营性财产收益权份额量化，以及集体经营性建设用地使用、出让或者出租等方案；

（六）起草投资方案；

（七）起草年度财务预决算、收益分配方案等；

（八）提出聘任、解聘主要经营管理人员及决定其报酬的建议；

（九）依照法律法规和农村集体经济组织章程管理集体财产和财务，保障集体财产安全；

（十）代表农村集体经济组织签订承包、出租、入股等合同，监督、督促承包方、承租方、被投资方等履行合同；

（十一）接受、处理有关质询、建议并作出答复；

（十二）农村集体经济组织章程规定的其他职权。

第三十一条　理事会会议应当有三分之二以上的理事会成员出席。

理事会实行一人一票的表决方式。理事会作出决定，应当经全体理事的过半数同意。

理事会的议事方式和表决程序由农村集体经济组织章程具体规定。

第三十二条　农村集体经济组织设监事会，成员较少的可以设一至二名监事，行使监督理事会执行成员大会和成员代表大会决定、监督检查集体财产经营管理情况、审核监督本农村集体经济组织财务状况等内部监督职权。必要时,监事会或者监事可以组织对本农村集体经济组织的财务进行内部审计,审计结果应当向成员大会、成员代表大会报告。

监事会或者监事的产生办法、具体职权、议事方式和表决程序等,由农村集体经济组织章程规定。

第三十三条 农村集体经济组织成员大会、成员代表大会、理事会、监事会或者监事召开会议,应当按照规定制作、保存会议记录。

第三十四条 农村集体经济组织理事会成员、监事会成员或者监事与村党组织领导班子成员、村民委员会成员可以根据情况交叉任职。

农村集体经济组织理事会成员、财务人员、会计人员及其近亲属不得担任监事会成员或者监事。

第三十五条 农村集体经济组织理事会成员、监事会成员或者监事应当遵守法律法规和农村集体经济组织章程,履行诚实信用、勤勉谨慎的义务,为农村集体经济组织及其成员的利益管理集体财产,处理农村集体经济组织事务。

农村集体经济组织理事会成员、监事会成员或者监事、主要经营管理人员不得有下列行为：

（一）侵占、挪用、截留、哄抢、私分、破坏集体财产；

（二）直接或者间接向农村集体经济组织借款；

（三）以集体财产为本人或者他人债务提供担保；

（四）违反法律法规或者国家有关规定为地方政府举借债务；

（五）以农村集体经济组织名义开展非法集资等非法金融活动；

（六）将集体财产低价折股、转让、租赁；

（七）以集体财产加入合伙企业成为普通合伙人；

（八）接受他人与农村集体经济组织交易的佣金归为己有；

（九）泄露农村集体经济组织的商业秘密；

（十）其他损害农村集体经济组织合法权益的行为。

第五章 财产经营管理和收益分配

第三十六条 集体财产主要包括：

（一）集体所有的土地和森林、山岭、草原、荒地、滩涂；

（二）集体所有的建筑物、生产设施、农田水利设施；

（三）集体所有的教育、科技、文化、卫生、体育、交通等设施和农村人居环境基础设施；

（四）集体所有的资金；

（五）集体投资兴办的企业和集体持有的其他经济组织的股权及其他投资性权利；

（六）集体所有的无形资产；

（七）集体所有的接受国家扶持、社会捐赠、减免税费等形成的财产；

（八）集体所有的其他财产。

集体财产依法由农村集体经济组织成员集体所有，由农村集体经济组织依法代表成员集体行使所有权，不得分割到成员个人。

第三十七条 集体所有和国家所有依法由农民集体使用的耕地、林地、草地以及其他依法用于农业的土地，依照农村土地承包的法律实行承包经营。

集体所有的宅基地等建设用地，依照法律、行政法规和国家有关规定取得、使用、管理。

集体所有的建筑物、生产设施、农田水利设施，由农村集体经济组织按照国家有关规定和农村集体经济组织章程使用、管理。

集体所有的教育、科技、文化、卫生、体育、交通等设施和农村人居环境基础设施，依照法律法规、国家有关规定和农村集体经济组织章程使用、管理。

第三十八条 依法应当实行家庭承包的耕地、林地、草地以外的其他农村土地，农村集体经济组织可以直接组织经营或者依法实行承包经营，也可以依法采取土地经营权出租、入股等方式经营。

第三十九条 对符合国家规定的集体经营性建

设用地，农村集体经济组织应当优先用于保障乡村产业发展和乡村建设，也可以依法通过出让、出租等方式交由单位或者个人有偿使用。

第四十条　农村集体经济组织可以将集体所有的经营性财产的收益权以份额形式量化到本农村集体经济组织成员，作为其参与集体收益分配的基本依据。

集体所有的经营性财产包括本法第三十六条第一款第一项中可以依法入市、流转的财产用益物权和第二项、第四项至第七项的财产。

国务院农业农村主管部门可以根据本法制定集体经营性财产收益权量化的具体办法。

第四十一条　农村集体经济组织可以探索通过资源发包、物业出租、居间服务、经营性财产参股等多样化途径发展新型农村集体经济。

第四十二条　农村集体经济组织当年收益应当按照农村集体经济组织章程规定提取公积公益金，用于弥补亏损、扩大生产经营等，剩余的可分配收益按照量化给农村集体经济组织成员的集体经营性财产收益权份额进行分配。

第四十三条 农村集体经济组织应当加强集体财产管理，建立集体财产清查、保管、使用、处置、公开等制度，促进集体财产保值增值。

省、自治区、直辖市可以根据实际情况，制定本行政区域农村集体财产管理具体办法，实现集体财产管理制度化、规范化和信息化。

第四十四条 农村集体经济组织应当按照国务院有关部门制定的农村集体经济组织财务会计制度进行财务管理和会计核算。

农村集体经济组织应当根据会计业务的需要，设置会计机构，或者设置会计人员并指定会计主管人员，也可以按照规定委托代理记账。

集体所有的资金不得存入以个人名义开立的账户。

第四十五条 农村集体经济组织应当定期将财务情况向农村集体经济组织成员公布。集体财产使用管理情况、涉及农村集体经济组织及其成员利益的重大事项应当及时公布。农村集体经济组织理事会应当保证所公布事项的真实性。

第四十六条 农村集体经济组织应当编制年度经营报告、年度财务会计报告和收益分配方案，并于成员大会、成员代表大会召开十日前，提供给农村集体经济组织成员查阅。

第四十七条 农村集体经济组织应当依法接受审计监督。

县级以上地方人民政府农业农村主管部门和乡镇人民政府、街道办事处根据情况对农村集体经济组织开展定期审计、专项审计。审计办法由国务院农业农村主管部门制定。

审计机关依法对农村集体经济组织接受、运用财政资金的真实、合法和效益情况进行审计监督。

第四十八条 农村集体经济组织应当自觉接受有关机关和组织对集体财产使用管理情况的监督。

第六章　扶 持 措 施

第四十九条　县级以上人民政府应当合理安排资金，支持农村集体经济组织发展新型农村集体经济、服务集体成员。

各级财政支持的农业发展和农村建设项目，依法将适宜的项目优先交由符合条件的农村集体经济组织承担。国家对欠发达地区和革命老区、民族地区、边疆地区的农村集体经济组织给予优先扶助。

县级以上人民政府有关部门应当依法加强对财政补助资金使用情况的监督。

第五十条　农村集体经济组织依法履行纳税义务，依法享受税收优惠。

农村集体经济组织开展生产经营管理活动或者因开展农村集体产权制度改革办理土地、房屋权属变更，按照国家规定享受税收优惠。

第五十一条　农村集体经济组织用于集体公益和综合服务、保障村级组织和村务运转等支出，按照国家规定计入相应成本。

第五十二条 国家鼓励政策性金融机构立足职能定位，在业务范围内采取多种形式对农村集体经济组织发展新型农村集体经济提供多渠道资金支持。

国家鼓励商业性金融机构为农村集体经济组织及其成员提供多样化金融服务，优先支持符合条件的农村集体经济发展项目，支持农村集体经济组织开展集体经营性财产股权质押贷款；鼓励融资担保机构为农村集体经济组织提供融资担保服务；鼓励保险机构为农村集体经济组织提供保险服务。

第五十三条 乡镇人民政府编制村庄规划应当根据实际需要合理安排集体经济发展各项建设用地。

土地整理新增耕地形成土地指标交易的收益，应当保障农村集体经济组织和相关权利人的合法权益。

第五十四条 县级人民政府和乡镇人民政府、街道办事处应当加强农村集体经济组织经营管理队伍建设，制定农村集体经济组织人才培养计划，完善激励机制，支持和引导各类人才服务新型农村集体经济发展。

第五十五条　各级人民政府应当在用水、用电、用气以及网络、交通等公共设施和农村人居环境基础设施配置方面为农村集体经济组织建设发展提供支持。

第七章　争议的解决和法律责任

第五十六条　对确认农村集体经济组织成员身份有异议，或者农村集体经济组织因内部管理、运行、收益分配等发生纠纷的，当事人可以请求乡镇人民政府、街道办事处或者县级人民政府农业农村主管部门调解解决；不愿调解或者调解不成的，可以向农村土地承包仲裁机构申请仲裁，也可以直接向人民法院提起诉讼。

确认农村集体经济组织成员身份时侵害妇女合法权益，导致社会公共利益受损的，检察机关可以发出检察建议或者依法提起公益诉讼。

第五十七条 农村集体经济组织成员大会、成员代表大会、理事会或者农村集体经济组织负责人作出的决定侵害农村集体经济组织成员合法权益的,受侵害的农村集体经济组织成员可以请求人民法院予以撤销。但是,农村集体经济组织按照该决定与善意相对人形成的民事法律关系不受影响。

受侵害的农村集体经济组织成员自知道或者应当知道撤销事由之日起一年内或者自该决定作出之日起五年内未行使撤销权的,撤销权消灭。

第五十八条 农村集体经济组织理事会成员、监事会成员或者监事、主要经营管理人员有本法第三十五条第二款规定行为的,由乡镇人民政府、街道办事处或者县级人民政府农业农村主管部门责令限期改正;情节严重的,依法给予处分或者行政处罚;造成集体财产损失的,依法承担赔偿责任;构成犯罪的,依法追究刑事责任。

前款规定的人员违反本法规定,以集体财产为本人或者他人债务提供担保的，该担保无效。

第五十九条　对于侵害农村集体经济组织合法权益的行为，农村集体经济组织可以依法向人民法院提起诉讼。

第六十条　农村集体经济组织理事会成员、监事会成员或者监事、主要经营管理人员执行职务时违反法律法规或者农村集体经济组织章程的规定，给农村集体经济组织造成损失的，应当依法承担赔偿责任。

前款规定的人员有前款行为的，农村集体经济组织理事会、监事会或者监事应当向人民法院提起诉讼；未及时提起诉讼的，十名以上具有完全民事行为能力的农村集体经济组织成员可以书面请求监事会或者监事向人民法院提起诉讼。

监事会或者监事收到书面请求后拒绝提起诉讼或者自收到请求之日起十五日内未提起诉讼的，前款规定的提出书面请求的农村集体经济组织成员可以为农村集体经济组织的利益，以自己的名义向人民法院提起诉讼。

第六十一条 农村集体经济组织章程或者农村集体经济组织成员大会、成员代表大会所作的决定违反本法或者其他法律法规规定的，由乡镇人民政府、街道办事处或者县级人民政府农业农村主管部门责令限期改正。

第六十二条 地方人民政府及其有关部门非法干预农村集体经济组织经营管理和财产管理活动或者未依法履行相应监管职责的，由上级人民政府责令限期改正；情节严重的，依法追究相关责任人员的法律责任。

第六十三条 农村集体经济组织对行政机关的行政行为不服的，可以依法申请行政复议或者提起行政诉讼。

第八章 附　　则

第六十四条 未设立农村集体经济组织的，村民委员会、村民小组可以依法代行农村集体经济组织的职能。

村民委员会、村民小组依法代行农村集体经济组织职能的,讨论决定有关集体财产和成员权益的事项参照适用本法的相关规定。

第六十五条 本法施行前已经按照国家规定登记的农村集体经济组织及其名称,本法施行后在法人登记证书有效期限内继续有效。

第六十六条 本法施行前农村集体经济组织开展农村集体产权制度改革时已经被确认的成员,本法施行后不需要重新确认。

第六十七条 本法自2025年5月1日起施行。

中华人民共和国乡村振兴促进法

（2021 年 4 月 29 日第十三届全国人民代表大会常务委员会第二十八次会议通过 2021 年 4 月 29 日中华人民共和国主席令第 77 号公布 自 2021 年 6 月 1 日起施行）

目　录

第一章　总　　则
第二章　产业发展
第三章　人才支撑
第四章　文化繁荣
第五章　生态保护
第六章　组织建设
第七章　城乡融合
第八章　扶持措施

第九章　监督检查

第十章　附　　则

第一章　总　　则

第一条　为了全面实施乡村振兴战略，促进农业全面升级、农村全面进步、农民全面发展，加快农业农村现代化，全面建设社会主义现代化国家，制定本法。

第二条　全面实施乡村振兴战略，开展促进乡村产业振兴、人才振兴、文化振兴、生态振兴、组织振兴，推进城乡融合发展等活动，适用本法。

本法所称乡村，是指城市建成区以外具有自然、社会、经济特征和生产、生活、生态、文化等多重功能的地域综合体，包括乡镇和村庄等。

第三条　促进乡村振兴应当按照产业兴旺、生态宜居、乡风文明、治理有效、生活富裕的总要求，统筹推进农村经济建设、政治建设、文化建设、社会建设、生态文明建设和党的建设，充分发挥乡村在保障农产品供给和粮食安全、保护生态环境、传承发展中华民族优秀传统文化等方面的特有功能。

第四条 全面实施乡村振兴战略，应当坚持中国共产党的领导，贯彻创新、协调、绿色、开放、共享的新发展理念，走中国特色社会主义乡村振兴道路，促进共同富裕，遵循以下原则：

（一）坚持农业农村优先发展，在干部配备上优先考虑，在要素配置上优先满足，在资金投入上优先保障，在公共服务上优先安排；

（二）坚持农民主体地位，充分尊重农民意愿，保障农民民主权利和其他合法权益，调动农民的积极性、主动性、创造性，维护农民根本利益；

（三）坚持人与自然和谐共生，统筹山水林田湖草沙系统治理，推动绿色发展，推进生态文明建设；

（四）坚持改革创新，充分发挥市场在资源配置中的决定性作用，更好发挥政府作用，推进农业供给侧结构性改革和高质量发展，不断解放和发展乡村社会生产力，激发农村发展活力；

（五）坚持因地制宜、规划先行、循序渐进，顺应村庄发展规律，根据乡村的历史文化、发展现状、区位条件、资源禀赋、产业基础分类推进。

第五条 国家巩固和完善以家庭承包经营为基础、统分结合的双层经营体制，发展壮大农村集体所有制经济。

第六条 国家建立健全城乡融合发展的体制机制和政策体系，推动城乡要素有序流动、平等交换和公共资源均衡配置，坚持以工补农、以城带乡，推动形成工农互促、城乡互补、协调发展、共同繁荣的新型工农城乡关系。

第七条 国家坚持以社会主义核心价值观为引领，大力弘扬民族精神和时代精神，加强乡村优秀传统文化保护和公共文化服务体系建设，繁荣发展乡村文化。

每年农历秋分日为中国农民丰收节。

第八条 国家实施以我为主、立足国内、确保产能、适度进口、科技支撑的粮食安全战略，坚持藏粮于地、藏粮于技，采取措施不断提高粮食综合生产能力，建设国家粮食安全产业带，完善粮食加工、流通、储备体系，确保谷物基本自给、口粮绝对安全，保障国家粮食安全。

国家完善粮食加工、储存、运输标准，提高粮食加工出品率和利用率，推动节粮减损。

第九条 国家建立健全中央统筹、省负总责、市县乡抓落实的乡村振兴工作机制。

各级人民政府应当将乡村振兴促进工作纳入国民经济和社会发展规划，并建立乡村振兴考核评价制度、工作年度报告制度和监督检查制度。

第十条 国务院农业农村主管部门负责全国乡村振兴促进工作的统筹协调、宏观指导和监督检查；国务院其他有关部门在各自职责范围内负责有关的乡村振兴促进工作。

县级以上地方人民政府农业农村主管部门负责本行政区域内乡村振兴促进工作的统筹协调、指导和监督检查；县级以上地方人民政府其他有关部门在各自职责范围内负责有关的乡村振兴促进工作。

第十一条 各级人民政府及其有关部门应当采取多种形式，广泛宣传乡村振兴促进相关法律法规和政策，鼓励、支持人民团体、社会组织、企事业单位等社会各方面参与乡村振兴促进相关活动。

对在乡村振兴促进工作中作出显著成绩的单位和个人，按照国家有关规定给予表彰和奖励。

第二章 产业发展

第十二条 国家完善农村集体产权制度，增强农村集体所有制经济发展活力，促进集体资产保值增值，确保农民受益。

各级人民政府应当坚持以农民为主体，以乡村优势特色资源为依托，支持、促进农村一二三产业融合发展，推动建立现代农业产业体系、生产体系和经营体系，推进数字乡村建设，培育新产业、新业态、新模式和新型农业经营主体，促进小农户和现代农业发展有机衔接。

第十三条　国家采取措施优化农业生产力布局，推进农业结构调整，发展优势特色产业，保障粮食和重要农产品有效供给和质量安全，推动品种培优、品质提升、品牌打造和标准化生产，推动农业对外开放，提高农业质量、效益和竞争力。

国家实行重要农产品保障战略，分品种明确保障目标，构建科学合理、安全高效的重要农产品供给保障体系。

第十四条　国家建立农用地分类管理制度，严格保护耕地，严格控制农用地转为建设用地，严格控制耕地转为林地、园地等其他类型农用地。省、自治区、直辖市人民政府应当采取措施确保耕地总量不减少、质量有提高。

国家实行永久基本农田保护制度，建设粮食生产功能区、重要农产品生产保护区，建设并保护高标准农田。

地方各级人民政府应当推进农村土地整理和农用地科学安全利用，加强农田水利等基础设施建设，改善农业生产条件。

第十五条　国家加强农业种质资源保护利用和种质资源库建设，支持育种基础性、前沿性和应用技术研究，实施农作物和畜禽等良种培育、育种关键技术攻关，鼓励种业科技成果转化和优良品种推广，建立并实施种业国家安全审查机制，促进种业高质量发展。

第十六条　国家采取措施加强农业科技创新，培育创新主体，构建以企业为主体、产学研协同的创新机制，强化高等学校、科研机构、农业企业创新能力，建立创新平台，加强新品种、新技术、新装备、新产品研发，加强农业知识产权保护，推进生物种业、智慧农业、设施农业、农产品加工、绿色农业投入品等领域创新，建设现代农业产业技术体系，推动农业农村创新驱动发展。

国家健全农业科研项目评审、人才评价、成果产权保护制度,保障对农业科技基础性、公益性研究的投入,激发农业科技人员创新积极性。

第十七条 国家加强农业技术推广体系建设,促进建立有利于农业科技成果转化推广的激励机制和利益分享机制,鼓励企业、高等学校、职业学校、科研机构、科学技术社会团体、农民专业合作社、农业专业化社会化服务组织、农业科技人员等创新推广方式,开展农业技术推广服务。

第十八条 国家鼓励农业机械生产研发和推广应用,推进主要农作物生产全程机械化,提高设施农业、林草业、畜牧业、渔业和农产品初加工的装备水平,推动农机农艺融合、机械化信息化融合,促进机械化生产与农田建设相适应、服务模式与农业适度规模经营相适应。

国家鼓励农业信息化建设,加强农业信息监测预警和综合服务,推进农业生产经营信息化。

第十九条 各级人民政府应当发挥农村资源和生态优势,支持特色农业、休闲农业、现代农产品加工业、乡村手工业、绿色建材、红色旅游、乡村旅游、康养和乡村物流、电子商务等乡村产业的发展；引导新型经营主体通过特色化、专业化经营，合理配置生产要素，促进乡村产业深度融合；支持特色农产品优势区、现代农业产业园、农业科技园、农村创业园、休闲农业和乡村旅游重点村镇等的建设；统筹农产品生产地、集散地、销售地市场建设，加强农产品流通骨干网络和冷链物流体系建设；鼓励企业获得国际通行的农产品认证，增强乡村产业竞争力。

发展乡村产业应当符合国土空间规划和产业政策、环境保护的要求。

第二十条　各级人民政府应当完善扶持政策，加强指导服务，支持农民、返乡入乡人员在乡村创业创新，促进乡村产业发展和农民就业。

第二十一条　各级人民政府应当建立健全有利于农民收入稳定增长的机制，鼓励支持农民拓宽增收渠道，促进农民增加收入。

国家采取措施支持农村集体经济组织发展,为本集体成员提供生产生活服务,保障成员从集体经营收入中获得收益分配的权利。

国家支持农民专业合作社、家庭农场和涉农企业、电子商务企业、农业专业化社会化服务组织等以多种方式与农民建立紧密型利益联结机制,让农民共享全产业链增值收益。

第二十二条 各级人民政府应当加强国有农(林、牧、渔)场规划建设,推进国有农(林、牧、渔)场现代农业发展,鼓励国有农(林、牧、渔)场在农业农村现代化建设中发挥示范引领作用。

第二十三条 各级人民政府应当深化供销合作社综合改革,鼓励供销合作社加强与农民利益联结,完善市场运作机制,强化为农服务功能,发挥其为农服务综合性合作经济组织的作用。

第三章 人才支撑

第二十四条 国家健全乡村人才工作体制机制,

采取措施鼓励和支持社会各方面提供教育培训、技术支持、创业指导等服务，培养本土人才，引导城市人才下乡，推动专业人才服务乡村，促进农业农村人才队伍建设。

第二十五条 各级人民政府应当加强农村教育工作统筹，持续改善农村学校办学条件，支持开展网络远程教育，提高农村基础教育质量，加大乡村教师培养力度，采取公费师范教育等方式吸引高等学校毕业生到乡村任教，对长期在乡村任教的教师在职称评定等方面给予优待，保障和改善乡村教师待遇，提高乡村教师学历水平、整体素质和乡村教育现代化水平。

各级人民政府应当采取措施加强乡村医疗卫生队伍建设，支持县乡村医疗卫生人员参加培训、进修，建立县乡村上下贯通的职业发展机制，对在乡村工作的医疗卫生人员实行优惠待遇，鼓励医学院校毕业生到乡村工作，支持医师到乡村医疗卫生机构执业、开办乡村诊所、普及医疗卫生知识，提高乡村医疗卫生服务能力。

各级人民政府应当采取措施培育农业科技人才、经营管理人才、法律服务人才、社会工作人才，加强乡村文化人才队伍建设，培育乡村文化骨干力量。

第二十六条 各级人民政府应当采取措施，加强职业教育和继续教育，组织开展农业技能培训、返乡创业就业培训和职业技能培训，培养有文化、懂技术、善经营、会管理的高素质农民和农村实用人才、创新创业带头人。

第二十七条 县级以上人民政府及其教育行政部门应当指导、支持高等学校、职业学校设置涉农相关专业，加大农村专业人才培养力度，鼓励高等学校、职业学校毕业生到农村就业创业。

第二十八条 国家鼓励城市人才向乡村流动，建立健全城乡、区域、校地之间人才培养合作与交流机制。

县级以上人民政府应当建立鼓励各类人才参与乡村建设的激励机制，搭建社会工作和乡村建设志愿服务平台,支持和引导各类人才通过多种方式服务乡村振兴。

乡镇人民政府和村民委员会、农村集体经济组织应当为返乡入乡人员和各类人才提供必要的生产生活服务。农村集体经济组织可以根据实际情况提供相关的福利待遇。

第四章 文 化 繁 荣

第二十九条 各级人民政府应当组织开展新时代文明实践活动,加强农村精神文明建设,不断提高乡村社会文明程度。

第三十条 各级人民政府应当采取措施丰富农民文化体育生活,倡导科学健康的生产生活方式,发挥村规民约积极作用,普及科学知识,推进移风易俗,破除大操大办、铺张浪费等陈规陋习,提倡孝老爱亲、勤俭节约、诚实守信,促进男女平等,创建文明村镇、文明家庭,培育文明乡风、良好家风、淳朴民风，建设文明乡村。

第三十一条 各级人民政府应当健全完善乡村公共文化体育设施网络和服务运行机制，鼓励开展形式多样的农民群众性文化体育、节日民俗等活动，充分利用广播电视、视听网络和书籍报刊，拓展乡村文化服务渠道，提供便利可及的公共文化服务。

各级人民政府应当支持农业农村农民题材文艺创作，鼓励制作反映农民生产生活和乡村振兴实践的优秀文艺作品。

第三十二条 各级人民政府应当采取措施保护农业文化遗产和非物质文化遗产，挖掘优秀农业文化深厚内涵，弘扬红色文化，传承和发展优秀传统文化。

县级以上地方人民政府应当加强对历史文化名镇名村、传统村落和乡村风貌、少数民族特色村寨的保护，开展保护状况监测和评估，采取措施防御和减轻火灾、洪水、地震等灾害。

第三十三条 县级以上地方人民政府应当坚持

规划引导、典型示范，有计划地建设特色鲜明、优势突出的农业文化展示区、文化产业特色村落，发展乡村特色文化体育产业，推动乡村地区传统工艺振兴，积极推动智慧广电乡村建设，活跃繁荣农村文化市场。

第五章 生 态 保 护

第三十四条 国家健全重要生态系统保护制度和生态保护补偿机制，实施重要生态系统保护和修复工程，加强乡村生态保护和环境治理，绿化美化乡村环境，建设美丽乡村。

第三十五条 国家鼓励和支持农业生产者采用节水、节肥、节药、节能等先进的种植养殖技术，推动种养结合、农业资源综合开发，优先发展生态循环农业。

各级人民政府应当采取措施加强农业面源污染防治，推进农业投入品减量化、生产清洁化、废弃物资源化、产业模式生态化，引导全社会形成节约适度、绿色低碳、文明健康的生产生活和消费方式。

第三十六条　各级人民政府应当实施国土综合整治和生态修复，加强森林、草原、湿地等保护修复，开展荒漠化、石漠化、水土流失综合治理，改善乡村生态环境。

第三十七条　各级人民政府应当建立政府、村级组织、企业、农民等各方面参与的共建共管共享机制，综合整治农村水系，因地制宜推广卫生厕所和简便易行的垃圾分类，治理农村垃圾和污水，加强乡村无障碍设施建设，鼓励和支持使用清洁能源、可再生能源，持续改善农村人居环境。

第三十八条　国家建立健全农村住房建设质量安全管理制度和相关技术标准体系，建立农村低收入群体安全住房保障机制。建设农村住房应当避让灾害易发区域，符合抗震、防洪等基本安全要求。

县级以上地方人民政府应当加强农村住房建设管理和服务，强化新建农村住房规划管控，严格禁止违法占用耕地建房；鼓励农村住房设计体现地域、民族和乡土特色，鼓励农村住房建设采用新型建造技术和绿色建材，引导农民建设功能现代、结构安全、成本经济、绿色环保、与乡村环境相协调的宜居住房。

第三十九条 国家对农业投入品实行严格管理，对剧毒、高毒、高残留的农药、兽药采取禁用限用措施。农产品生产经营者不得使用国家禁用的农药、兽药或者其他有毒有害物质，不得违反农产品质量安全标准和国家有关规定超剂量、超范围使用农药、兽药、肥料、饲料添加剂等农业投入品。

第四十条 国家实行耕地养护、修复、休耕和草原森林河流湖泊休养生息制度。县级以上人民政府及其有关部门依法划定江河湖海限捕、禁捕的时间和区域，并可以根据地下水超采情况，划定禁止、限制开采地下水区域。

禁止违法将污染环境、破坏生态的产业、企业向农村转移。禁止违法将城镇垃圾、工业固体废物、未经达标处理的城镇污水等向农业农村转移。禁止向农用地排放重金属或者其他有毒有害物质含量超标的污水、污泥,以及可能造成土壤污染的清淤底泥、尾矿、矿渣等;禁止将有毒有害废物用作肥料或者用于造田和土地复垦。

地方各级人民政府及其有关部门应当采取措施,推进废旧农膜和农药等农业投入品包装废弃物回收处理,推进农作物秸秆、畜禽粪污的资源化利用,严格控制河流湖库、近岸海域投饵网箱养殖。

第六章 组 织 建 设

第四十一条 建立健全党委领导、政府负责、民主协商、社会协同、公众参与、法治保障、科技支撑的现代乡村社会治理体制和自治、法治、德治相结合的乡村社会治理体系,建设充满活力、和谐有序的善治乡村。

地方各级人民政府应当加强乡镇人民政府社会

管理和服务能力建设，把乡镇建成乡村治理中心、农村服务中心、乡村经济中心。

第四十二条　中国共产党农村基层组织，按照中国共产党章程和有关规定发挥全面领导作用。村民委员会、农村集体经济组织等应当在乡镇党委和村党组织的领导下，实行村民自治，发展集体所有制经济，维护农民合法权益，并应当接受村民监督。

第四十三条　国家建立健全农业农村工作干部队伍的培养、配备、使用、管理机制，选拔优秀干部充实到农业农村工作干部队伍，采取措施提高农业农村工作干部队伍的能力和水平，落实农村基层干部相关待遇保障，建设懂农业、爱农村、爱农民的农业农村工作干部队伍。

第四十四条　地方各级人民政府应当构建简约高效的基层管理体制，科学设置乡镇机构，加强乡村干部培训，健全农村基层服务体系，夯实乡村治理基础。

第四十五条　乡镇人民政府应当指导和支持农

村基层群众性自治组织规范化、制度化建设，健全村民委员会民主决策机制和村务公开制度，增强村民自我管理、自我教育、自我服务、自我监督能力。

第四十六条　各级人民政府应当引导和支持农村集体经济组织发挥依法管理集体资产、合理开发集体资源、服务集体成员等方面的作用，保障农村集体经济组织的独立运营。

县级以上地方人民政府应当支持发展农民专业合作社、家庭农场、农业企业等多种经营主体，健全农业农村社会化服务体系。

第四十七条　县级以上地方人民政府应当采取措施加强基层群团组织建设，支持、规范和引导农村社会组织发展，发挥基层群团组织、农村社会组织团结群众、联系群众、服务群众等方面的作用。

第四十八条　地方各级人民政府应当加强基层执法队伍建设，鼓励乡镇人民政府根据需要设立法律顾问和公职律师，鼓励有条件的地方在村民委员会建立公共法律服务工作室，深入开展法治宣传教育和人民调解工作，健全乡村矛盾纠纷调处化解机制，推进法治乡村建设。

第四十九条　地方各级人民政府应当健全农村社会治安防控体系，加强农村警务工作，推动平安乡村建设；健全农村公共安全体系，强化农村公共卫生、安全生产、防灾减灾救灾、应急救援、应急广播、食品、药品、交通、消防等安全管理责任。

第七章　城乡融合

第五十条　各级人民政府应当协同推进乡村振兴战略和新型城镇化战略的实施，整体筹划城镇和乡村发展，科学有序统筹安排生态、农业、城镇等功能空间，优化城乡产业发展、基础设施、公共服务设施等布局，逐步健全全民覆盖、普惠共享、城乡一体的基本公共服务体系，加快县域城乡融合发展，促进农业高质高效、乡村宜居宜业、农民富裕富足。

第五十一条　县级人民政府和乡镇人民政府应

当优化本行政区域内乡村发展布局，按照尊重农民意愿、方便群众生产生活、保持乡村功能和特色的原则，因地制宜安排村庄布局，依法编制村庄规划，分类有序推进村庄建设，严格规范村庄撤并，严禁违背农民意愿、违反法定程序撤并村庄。

第五十二条　县级以上地方人民政府应当统筹规划、建设、管护城乡道路以及垃圾污水处理、供水供电供气、物流、客运、信息通信、广播电视、消防、防灾减灾等公共基础设施和新型基础设施，推动城乡基础设施互联互通，保障乡村发展能源需求，保障农村饮用水安全，满足农民生产生活需要。

第五十三条　国家发展农村社会事业，促进公共教育、医疗卫生、社会保障等资源向农村倾斜，提升乡村基本公共服务水平，推进城乡基本公共服务均等化。

国家健全乡村便民服务体系，提升乡村公共服务数字化智能化水平，支持完善村级综合服务设施和综合信息平台，培育服务机构和服务类社会组织，完善服务运行机制，促进公共服务与自我服务有效衔接，增强生产生活服务功能。

第五十四条 国家完善城乡统筹的社会保障制度，建立健全保障机制，支持乡村提高社会保障管理服务水平；建立健全城乡居民基本养老保险待遇确定和基础养老金标准正常调整机制，确保城乡居民基本养老保险待遇随经济社会发展逐步提高。

国家支持农民按照规定参加城乡居民基本养老保险、基本医疗保险，鼓励具备条件的灵活就业人员和农业产业化从业人员参加职工基本养老保险、职工基本医疗保险等社会保险。

国家推进城乡最低生活保障制度统筹发展，提高农村特困人员供养等社会救助水平，加强对农村留守儿童、妇女和老年人以及残疾人、困境儿童的关爱服务，支持发展农村普惠型养老服务和互助性养老。

第五十五条 国家推动形成平等竞争、规范有序、城乡统一的人力资源市场，健全城乡均等的公共就业创业服务制度。

县级以上地方人民政府应当采取措施促进在城镇稳定就业和生活的农民自愿有序进城落户，不得以退出土地承包经营权、宅基地使用权、集体收益分配权等作为农民进城落户的条件；推进取得居住证的农民及其随迁家属享受城镇基本公共服务。

国家鼓励社会资本到乡村发展与农民利益联结型项目，鼓励城市居民到乡村旅游、休闲度假、养生养老等，但不得破坏乡村生态环境，不得损害农村集体经济组织及其成员的合法权益。

第五十六条　县级以上人民政府应当采取措施促进城乡产业协同发展，在保障农民主体地位的基础上健全联农带农激励机制，实现乡村经济多元化和农业全产业链发展。

第五十七条　各级人民政府及其有关部门应当采取措施鼓励农民进城务工，全面落实城乡劳动者平等就业、同工同酬，依法保障农民工工资支付和社会保障权益。

第八章 扶持措施

第五十八条 国家建立健全农业支持保护体系和实施乡村振兴战略财政投入保障制度。县级以上人民政府应当优先保障用于乡村振兴的财政投入,确保投入力度不断增强、总量持续增加、与乡村振兴目标任务相适应。

省、自治区、直辖市人民政府可以依法发行政府债券,用于现代农业设施建设和乡村建设。

各级人民政府应当完善涉农资金统筹整合长效机制,强化财政资金监督管理,全面实施预算绩效管理,提高财政资金使用效益。

第五十九条 各级人民政府应当采取措施增强脱贫地区内生发展能力,建立农村低收入人口、欠发达地区帮扶长效机制,持续推进脱贫地区发展;建立健全易返贫致贫人口动态监测预警和帮扶机制,实现巩固拓展脱贫攻坚成果同乡村振兴有效衔接。

国家加大对革命老区、民族地区、边疆地区实施乡村振兴战略的支持力度。

第六十条 国家按照增加总量、优化存量、提高效能的原则，构建以高质量绿色发展为导向的新型农业补贴政策体系。

第六十一条 各级人民政府应当坚持取之于农、主要用之于农的原则，按照国家有关规定调整完善土地使用权出让收入使用范围，提高农业农村投入比例，重点用于高标准农田建设、农田水利建设、现代种业提升、农村供水保障、农村人居环境整治、农村土地综合整治、耕地及永久基本农田保护、村庄公共设施建设和管护、农村教育、农村文化和精神文明建设支出，以及与农业农村直接相关的山水林田湖草沙生态保护修复、以工代赈工程建设等。

第六十二条 县级以上人民政府设立的相关专项资金、基金应当按照规定加强对乡村振兴的支持。

国家支持以市场化方式设立乡村振兴基金，重点支持乡村产业发展和公共基础设施建设。

县级以上地方人民政府应当优化乡村营商环境，

鼓励创新投融资方式，引导社会资本投向乡村。

第六十三条　国家综合运用财政、金融等政策措施，完善政府性融资担保机制，依法完善乡村资产抵押担保权能，改进、加强乡村振兴的金融支持和服务。

财政出资设立的农业信贷担保机构应当主要为从事农业生产和与农业生产直接相关的经营主体服务。

第六十四条　国家健全多层次资本市场，多渠道推动涉农企业股权融资，发展并规范债券市场，促进涉农企业利用多种方式融资；丰富农产品期货品种，发挥期货市场价格发现和风险分散功能。

第六十五条　国家建立健全多层次、广覆盖、可持续的农村金融服务体系，完善金融支持乡村振兴考核评估机制，促进农村普惠金融发展，鼓励金融机构依法将更多资源配置到乡村发展的重点领域和薄弱环节。

政策性金融机构应当在业务范围内为乡村振兴提供信贷支持和其他金融服务，加大对乡村振兴的支持力度。

商业银行应当结合自身职能定位和业务优势,创新金融产品和服务模式,扩大基础金融服务覆盖面,增加对农民和农业经营主体的信贷规模,为乡村振兴提供金融服务。

农村商业银行、农村合作银行、农村信用社等农村中小金融机构应当主要为本地农业农村农民服务,当年新增可贷资金主要用于当地农业农村发展。

第六十六条 国家建立健全多层次农业保险体系,完善政策性农业保险制度,鼓励商业性保险公司开展农业保险业务,支持农民和农业经营主体依法开展互助合作保险。

县级以上人民政府应当采取保费补贴等措施,支持保险机构适当增加保险品种,扩大农业保险覆盖面,促进农业保险发展。

第六十七条 县级以上地方人民政府应当推进节约集约用地,提高土地使用效率,依法采取措施盘活农村存量建设用地,激活农村土地资源,完善农村新增建设用地保障机制,满足乡村产业、公共服务设施和农民住宅用地合理需求。

县级以上地方人民政府应当保障乡村产业用地,建设用地指标应当向乡村发展倾斜,县域内新增耕地指标应当优先用于折抵乡村产业发展所需建设用地指标,探索灵活多样的供地新方式。

经国土空间规划确定为工业、商业等经营性用途并依法登记的集体经营性建设用地,土地所有权人可以依法通过出让、出租等方式交由单位或者个人使用,优先用于发展集体所有制经济和乡村产业。

第九章　监督检查

第六十八条　国家实行乡村振兴战略实施目标责任制和考核评价制度。上级人民政府应当对下级人民政府实施乡村振兴战略的目标完成情况等进行考核,考核结果作为地方人民政府及其负责人综合考核评价的重要内容。

第六十九条　国务院和省、自治区、直辖市人民政府有关部门建立客观反映乡村振兴进展的指标和统计体系。县级以上地方人民政府应当对本行政区域内乡村振兴战略实施情况进行评估。

第七十条　县级以上各级人民政府应当向本级人民代表大会或者其常务委员会报告乡村振兴促进工作情况。乡镇人民政府应当向本级人民代表大会报告乡村振兴促进工作情况。

第七十一条　地方各级人民政府应当每年向上一级人民政府报告乡村振兴促进工作情况。

县级以上人民政府定期对下一级人民政府乡村振兴促进工作情况开展监督检查。

第七十二条　县级以上人民政府发展改革、财政、农业农村、审计等部门按照各自职责对农业农村投入优先保障机制落实情况、乡村振兴资金使用情况和绩效等实施监督。

第七十三条　各级人民政府及其有关部门在乡村振兴促进工作中不履行或者不正确履行职责的，

依照法律法规和国家有关规定追究责任,对直接负责的主管人员和其他直接责任人员依法给予处分。

违反有关农产品质量安全、生态环境保护、土地管理等法律法规的,由有关主管部门依法予以处罚;构成犯罪的,依法追究刑事责任。

第十章　附　　则

第七十四条　本法自 2021 年 6 月 1 日起施行。

中华人民共和国农村土地承包法

（2002年8月29日第九届全国人民代表大会常务委员会第二十九次会议通过 根据2009年8月27日第十一届全国人民代表大会常务委员会第十次会议《关于修改部分法律的决定》第一次修正 根据2018年12月29日第十三届全国人民代表大会常务委员会第七次会议《关于修改〈中华人民共和国农村土地承包法〉的决定》第二次修正）

目　　录

第一章　总　　则
第二章　家庭承包
　第一节　发包方和承包方的权利和义务

第二节　承包的原则和程序

第三节　承包期限和承包合同

第四节　土地承包经营权的保护和互换、转让

第五节　土地经营权

第三章　其他方式的承包

第四章　争议的解决和法律责任

第五章　附　　则

第一章　总　　则

第一条　为了巩固和完善以家庭承包经营为基础、统分结合的双层经营体制，保持农村土地承包关系稳定并长久不变，维护农村土地承包经营当事人的合法权益，促进农业、农村经济发展和农村社会和谐稳定，根据宪法，制定本法。

第二条　本法所称农村土地，是指农民集体所有和国家所有依法由农民集体使用的耕地、林地、草地，以及其他依法用于农业的土地。

第三条 国家实行农村土地承包经营制度。

农村土地承包采取农村集体经济组织内部的家庭承包方式，不宜采取家庭承包方式的荒山、荒沟、荒丘、荒滩等农村土地，可以采取招标、拍卖、公开协商等方式承包。

第四条 农村土地承包后，土地的所有权性质不变。承包地不得买卖。

第五条 农村集体经济组织成员有权依法承包由本集体经济组织发包的农村土地。

任何组织和个人不得剥夺和非法限制农村集体经济组织成员承包土地的权利。

第六条 农村土地承包，妇女与男子享有平等的权利。承包中应当保护妇女的合法权益，任何组织和个人不得剥夺、侵害妇女应当享有的土地承包经营权。

第七条 农村土地承包应当坚持公开、公平、公正的原则，正确处理国家、集体、个人三者的利益关系。

第八条 国家保护集体土地所有者的合法权益，保护承包方的土地承包经营权，任何组织和个人不得侵犯。

第九条 承包方承包土地后，享有土地承包经营权，可以自己经营，也可以保留土地承包权，流转其承包地的土地经营权，由他人经营。

第十条 国家保护承包方依法、自愿、有偿流转土地经营权，保护土地经营权人的合法权益，任何组织和个人不得侵犯。

第十一条 农村土地承包经营应当遵守法律、法规，保护土地资源的合理开发和可持续利用。未经依法批准不得将承包地用于非农建设。

国家鼓励增加对土地的投入，培肥地力，提高农业生产能力。

第十二条 国务院农业农村、林业和草原主管部门分别依照国务院规定的职责负责全国农村土地承包经营及承包经营合同管理的指导。

县级以上地方人民政府农业农村、林业和草原等主管部门分别依照各自职责,负责本行政区域内农村土地承包经营及承包经营合同管理。

乡(镇)人民政府负责本行政区域内农村土地承包经营及承包经营合同管理。

第二章　家庭承包

第一节　发包方和承包方的权利和义务

第十三条　农民集体所有的土地依法属于村农民集体所有的,由村集体经济组织或者村民委员会发包;已经分别属于村内两个以上农村集体经济组织的农民集体所有的,由村内各该农村集体经济组织或者村民小组发包。村集体经济组织或者村民委员会发包的,不得改变村内各集体经济组织农民集体所有的土地的所有权。

国家所有依法由农民集体使用的农村土地,由使用该土地的农村集体经济组织、村民委员会或者村民小组发包。

第十四条 发包方享有下列权利：

（一）发包本集体所有的或者国家所有依法由本集体使用的农村土地；

（二）监督承包方依照承包合同约定的用途合理利用和保护土地；

（三）制止承包方损害承包地和农业资源的行为；

（四）法律、行政法规规定的其他权利。

第十五条 发包方承担下列义务：

（一）维护承包方的土地承包经营权，不得非法变更、解除承包合同；

（二）尊重承包方的生产经营自主权，不得干涉承包方依法进行正常的生产经营活动；

（三）依照承包合同约定为承包方提供生产、技术、信息等服务；

（四）执行县、乡（镇）土地利用总体规划，组织本集体经济组织内的农业基础设施建设；

（五）法律、行政法规规定的其他义务。

第十六条 家庭承包的承包方是本集体经济组

织的农户。

农户内家庭成员依法平等享有承包土地的各项权益。

第十七条 承包方享有下列权利：

（一）依法享有承包地使用、收益的权利，有权自主组织生产经营和处置产品；

（二）依法互换、转让土地承包经营权；

（三）依法流转土地经营权；

（四）承包地被依法征收、征用、占用的，有权依法获得相应的补偿；

（五）法律、行政法规规定的其他权利。

第十八条 承包方承担下列义务：

（一）维持土地的农业用途，未经依法批准不得用于非农建设；

（二）依法保护和合理利用土地，不得给土地造成永久性损害；

（三）法律、行政法规规定的其他义务。

第二节 承包的原则和程序

第十九条 土地承包应当遵循以下原则：

（一）按照规定统一组织承包时，本集体经济组织成员依法平等地行使承包土地的权利，也可以自愿放弃承包土地的权利；

（二）民主协商，公平合理；

（三）承包方案应当按照本法第十三条的规定，依法经本集体经济组织成员的村民会议三分之二以上成员或者三分之二以上村民代表的同意；

（四）承包程序合法。

第二十条 土地承包应当按照以下程序进行：

（一）本集体经济组织成员的村民会议选举产生承包工作小组；

（二）承包工作小组依照法律、法规的规定拟订并公布承包方案；

（三）依法召开本集体经济组织成员的村民会议，讨论通过承包方案；

（四）公开组织实施承包方案；

（五）签订承包合同。

第三节　承包期限和承包合同

第二十一条　耕地的承包期为三十年。草地的承包期为三十年至五十年。林地的承包期为三十年至七十年。

前款规定的耕地承包期届满后再延长三十年，草地、林地承包期届满后依照前款规定相应延长。

第二十二条　发包方应当与承包方签订书面承包合同。

承包合同一般包括以下条款：

（一）发包方、承包方的名称，发包方负责人和承包方代表的姓名、住所；

（二）承包土地的名称、坐落、面积、质量等级；

（三）承包期限和起止日期；

（四）承包土地的用途；

（五）发包方和承包方的权利和义务；

（六）违约责任。

第二十三条　承包合同自成立之日起生效。承包方自承包合同生效时取得土地承包经营权。

第二十四条　国家对耕地、林地和草地等实行统一登记，登记机构应当向承包方颁发土地承包经营权证或者林权证等证书，并登记造册，确认土地承包经营权。

土地承包经营权证或者林权证等证书应当将具有土地承包经营权的全部家庭成员列入。

登记机构除按规定收取证书工本费外，不得收取其他费用。

第二十五条　承包合同生效后，发包方不得因承办人或者负责人的变动而变更或者解除，也不得因集体经济组织的分立或者合并而变更或者解除。

第二十六条　国家机关及其工作人员不得利用职权干涉农村土地承包或者变更、解除承包合同。

第四节　土地承包经营权的保护和互换、转让

第二十七条　承包期内，发包方不得收回承包地。

国家保护进城农户的土地承包经营权。不得以退出土地承包经营权作为农户进城落户的条件。

承包期内，承包农户进城落户的，引导支持其按照自愿有偿原则依法在本集体经济组织内转让土地承包经营权或者将承包地交回发包方，也可以鼓励其流转土地经营权。

承包期内，承包方交回承包地或者发包方依法收回承包地时，承包方对其在承包地上投入而提高土地生产能力的，有权获得相应的补偿。

第二十八条　承包期内，发包方不得调整承包地。

承包期内，因自然灾害严重毁损承包地等特殊情形对个别农户之间承包的耕地和草地需要适当调整的，必须经本集体经济组织成员的村民会议三分之二以上成员或者三分之二以上村民代表的同意，并报乡（镇）人民政府和县级人民政府农业农村、林业和草原等主管部门批准。承包合同中约定不得调整的，按照其约定。

第二十九条　下列土地应当用于调整承包土地

或者承包给新增人口：

（一）集体经济组织依法预留的机动地；

（二）通过依法开垦等方式增加的；

（三）发包方依法收回和承包方依法、自愿交回的。

第三十条　承包期内，承包方可以自愿将承包地交回发包方。承包方自愿交回承包地的，可以获得合理补偿，但是应当提前半年以书面形式通知发包方。承包方在承包期内交回承包地的，在承包期内不得再要求承包土地。

第三十一条　承包期内，妇女结婚，在新居住地未取得承包地的，发包方不得收回其原承包地；妇女离婚或者丧偶，仍在原居住地生活或者不在原居住地生活但在新居住地未取得承包地的，发包方不得收回其原承包地。

第三十二条　承包人应得的承包收益，依照继承法的规定继承。

林地承包的承包人死亡，其继承人可以在承包期内继续承包。

第三十三条 承包方之间为方便耕种或者各自需要,可以对属于同一集体经济组织的土地的土地承包经营权进行互换,并向发包方备案。

第三十四条 经发包方同意,承包方可以将全部或者部分的土地承包经营权转让给本集体经济组织的其他农户,由该农户同发包方确立新的承包关系,原承包方与发包方在该土地上的承包关系即行终止。

第三十五条 土地承包经营权互换、转让的,当事人可以向登记机构申请登记。未经登记,不得对抗善意第三人。

第五节 土地经营权

第三十六条 承包方可以自主决定依法采取出租(转包)、入股或者其他方式向他人流转土地经营权,并向发包方备案。

第三十七条 土地经营权人有权在合同约定的

期限内占有农村土地，自主开展农业生产经营并取得收益。

第三十八条　土地经营权流转应当遵循以下原则：

（一）依法、自愿、有偿，任何组织和个人不得强迫或者阻碍土地经营权流转；

（二）不得改变土地所有权的性质和土地的农业用途，不得破坏农业综合生产能力和农业生态环境；

（三）流转期限不得超过承包期的剩余期限；

（四）受让方须有农业经营能力或者资质；

（五）在同等条件下，本集体经济组织成员享有优先权。

第三十九条　土地经营权流转的价款，应当由当事人双方协商确定。流转的收益归承包方所有，任何组织和个人不得擅自截留、扣缴。

第四十条　土地经营权流转，当事人双方应当签订书面流转合同。

土地经营权流转合同一般包括以下条款：

（一）双方当事人的姓名、住所；

（二）流转土地的名称、坐落、面积、质量等级；

（三）流转期限和起止日期；

（四）流转土地的用途；

（五）双方当事人的权利和义务；

（六）流转价款及支付方式；

（七）土地被依法征收、征用、占用时有关补偿费的归属；

（八）违约责任。

承包方将土地交由他人代耕不超过一年的，可以不签订书面合同。

第四十一条 土地经营权流转期限为五年以上的，当事人可以向登记机构申请土地经营权登记。未经登记，不得对抗善意第三人。

第四十二条 承包方不得单方解除土地经营权流转合同，但受让方有下列情形之一的除外：

（一）擅自改变土地的农业用途；

（二）弃耕抛荒连续两年以上；

（三）给土地造成严重损害或者严重破坏土地生态环境；

（四）其他严重违约行为。

第四十三条　经承包方同意，受让方可以依法投资改良土壤，建设农业生产附属、配套设施，并按照合同约定对其投资部分获得合理补偿。

第四十四条　承包方流转土地经营权的，其与发包方的承包关系不变。

第四十五条　县级以上地方人民政府应当建立工商企业等社会资本通过流转取得土地经营权的资格审查、项目审核和风险防范制度。

工商企业等社会资本通过流转取得土地经营权的，本集体经济组织可以收取适量管理费用。

具体办法由国务院农业农村、林业和草原主管部门规定。

第四十六条　经承包方书面同意，并向本集体经济组织备案，受让方可以再流转土地经营权。

第四十七条　承包方可以用承包地的土地经营

权向金融机构融资担保,并向发包方备案。受让方通过流转取得的土地经营权,经承包方书面同意并向发包方备案,可以向金融机构融资担保。

担保物权自融资担保合同生效时设立。当事人可以向登记机构申请登记;未经登记,不得对抗善意第三人。

实现担保物权时,担保物权人有权就土地经营权优先受偿。

土地经营权融资担保办法由国务院有关部门规定。

第三章 其他方式的承包

第四十八条 不宜采取家庭承包方式的荒山、荒沟、荒丘、荒滩等农村土地,通过招标、拍卖、公开协商等方式承包的,适用本章规定。

第四十九条 以其他方式承包农村土地的,应当签订承包合同,承包方取得土地经营权。当事人的权利和义务、承包期限等,由双方协商确定。以招标、拍卖方式承包的，承包费通过公开竞标、竞价确定；以公开协商等方式承包的，承包费由双方议定。

第五十条 荒山、荒沟、荒丘、荒滩等可以直接通过招标、拍卖、公开协商等方式实行承包经营，也可以将土地经营权折股分给本集体经济组织成员后，再实行承包经营或者股份合作经营。

承包荒山、荒沟、荒丘、荒滩的，应当遵守有关法律、行政法规的规定，防止水土流失，保护生态环境。

第五十一条 以其他方式承包农村土地，在同等条件下，本集体经济组织成员有权优先承包。

第五十二条 发包方将农村土地发包给本集体经济组织以外的单位或者个人承包，应当事先经本集体经济组织成员的村民会议三分之二以上成员或者三分之二以上村民代表的同意，并报乡（镇）人民政府批准。

由本集体经济组织以外的单位或者个人承包的，应当对承包方的资信情况和经营能力进行审查后，再签订承包合同。

第五十三条 通过招标、拍卖、公开协商等方式承包农村土地，经依法登记取得权属证书的，可以依法采取出租、入股、抵押或者其他方式流转土地经营权。

第五十四条 依照本章规定通过招标、拍卖、公开协商等方式取得土地经营权的，该承包人死亡，其应得的承包收益，依照继承法的规定继承；在承包期内，其继承人可以继续承包。

第四章 争议的解决和法律责任

第五十五条 因土地承包经营发生纠纷的，双方当事人可以通过协商解决，也可以请求村民委员会、乡（镇）人民政府等调解解决。

当事人不愿协商、调解或者协商、调解不成的，可以向农村土地承包仲裁机构申请仲裁，也可以直接向人民法院起诉。

第五十六条 任何组织和个人侵害土地承包经

营权、土地经营权的，应当承担民事责任。

第五十七条　发包方有下列行为之一的，应当承担停止侵害、排除妨碍、消除危险、返还财产、恢复原状、赔偿损失等民事责任：

（一）干涉承包方依法享有的生产经营自主权；

（二）违反本法规定收回、调整承包地；

（三）强迫或者阻碍承包方进行土地承包经营权的互换、转让或者土地经营权流转；

（四）假借少数服从多数强迫承包方放弃或者变更土地承包经营权；

（五）以划分"口粮田"和"责任田"等为由收回承包地搞招标承包；

（六）将承包地收回抵顶欠款；

（七）剥夺、侵害妇女依法享有的土地承包经营权；

（八）其他侵害土地承包经营权的行为。

第五十八条　承包合同中违背承包方意愿或者违反法律、行政法规有关不得收回、调整承包地等强制性规定的约定无效。

第五十九条 当事人一方不履行合同义务或者履行义务不符合约定的,应当依法承担违约责任。

第六十条 任何组织和个人强迫进行土地承包经营权互换、转让或者土地经营权流转的,该互换、转让或者流转无效。

第六十一条 任何组织和个人擅自截留、扣缴土地承包经营权互换、转让或者土地经营权流转收益的,应当退还。

第六十二条 违反土地管理法规,非法征收、征用、占用土地或者贪污、挪用土地征收、征用补偿费用,构成犯罪的,依法追究刑事责任;造成他人损害的,应当承担损害赔偿等责任。

第六十三条 承包方、土地经营权人违法将承包地用于非农建设的,由县级以上地方人民政府有关主管部门依法予以处罚。

承包方给承包地造成永久性损害的,发包方有权制止,并有权要求赔偿由此造成的损失。

第六十四条 土地经营权人擅自改变土地的农业用途、弃耕抛荒连续两年以上、给土地造成严重损害或者严重破坏土地生态环境，承包方在合理期限内不解除土地经营权流转合同的，发包方有权要求终止土地经营权流转合同。土地经营权人对土地和土地生态环境造成的损害应当予以赔偿。

第六十五条 国家机关及其工作人员有利用职权干涉农村土地承包经营，变更、解除承包经营合同，干涉承包经营当事人依法享有的生产经营自主权，强迫、阻碍承包经营当事人进行土地承包经营权互换、转让或者土地经营权流转等侵害土地承包经营权、土地经营权的行为，给承包经营当事人造成损失的，应当承担损害赔偿等责任；情节严重的，由上级机关或者所在单位给予直接责任人员处分；构成犯罪的，依法追究刑事责任。

第五章　附　　则

第六十六条 本法实施前已经按照国家有关农

村土地承包的规定承包，包括承包期限长于本法规定的，本法实施后继续有效，不得重新承包土地。未向承包方颁发土地承包经营权证或者林权证等证书的，应当补发证书。

第六十七条　本法实施前已经预留机动地的，机动地面积不得超过本集体经济组织耕地总面积的百分之五。不足百分之五的，不得再增加机动地。

本法实施前未留机动地的，本法实施后不得再留机动地。

第六十八条　各省、自治区、直辖市人民代表大会常务委员会可以根据本法，结合本行政区域的实际情况，制定实施办法。

第六十九条　确认农村集体经济组织成员身份的原则、程序等，由法律、法规规定。

第七十条　本法自2003年3月1日起施行。

中华人民共和国农村土地承包经营纠纷调解仲裁法

（2009年6月27日第十一届全国人民代表大会常务委员会第九次会议通过 2009年6月27日中华人民共和国主席令第14号公布 自2010年1月1日起施行）

目　　录

第一章　总　　则

第二章　调　　解

第三章　仲　　裁

　第一节　仲裁委员会和仲裁员

　第二节　申请和受理

　第三节　仲裁庭的组成

第四节 开庭和裁决

第四章 附 则

第一章 总 则

第一条 为了公正、及时解决农村土地承包经营纠纷，维护当事人的合法权益，促进农村经济发展和社会稳定，制定本法。

第二条 农村土地承包经营纠纷调解和仲裁，适用本法。

农村土地承包经营纠纷包括：

（一）因订立、履行、变更、解除和终止农村土地承包合同发生的纠纷；

（二）因农村土地承包经营权转包、出租、互换、转让、入股等流转发生的纠纷；

（三）因收回、调整承包地发生的纠纷；

（四）因确认农村土地承包经营权发生的纠纷；

（五）因侵害农村土地承包经营权发生的纠纷；

（六）法律、法规规定的其他农村土地承包经营纠纷。

因征收集体所有的土地及其补偿发生的纠纷，不属于农村土地承包仲裁委员会的受理范围，可以通过行政复议或者诉讼等方式解决。

第三条 发生农村土地承包经营纠纷的，当事人可以自行和解，也可以请求村民委员会、乡（镇）人民政府等调解。

第四条 当事人和解、调解不成或者不愿和解、调解的，可以向农村土地承包仲裁委员会申请仲裁，也可以直接向人民法院起诉。

第五条 农村土地承包经营纠纷调解和仲裁，应当公开、公平、公正，便民高效，根据事实，符合法律，尊重社会公德。

第六条 县级以上人民政府应当加强对农村土地承包经营纠纷调解和仲裁工作的指导。

县级以上人民政府农村土地承包管理部门及其他有关部门应当依照职责分工，支持有关调解组织和农村土地承包仲裁委员会依法开展工作。

第二章 调 解

第七条 村民委员会、乡（镇）人民政府应当加强农村土地承包经营纠纷的调解工作，帮助当事人达成协议解决纠纷。

第八条 当事人申请农村土地承包经营纠纷调解可以书面申请，也可以口头申请。口头申请的，由村民委员会或者乡（镇）人民政府当场记录申请人的基本情况、申请调解的纠纷事项、理由和时间。

第九条 调解农村土地承包经营纠纷，村民委员会或者乡（镇）人民政府应当充分听取当事人对事实和理由的陈述，讲解有关法律以及国家政策，耐心疏导，帮助当事人达成协议。

第十条 经调解达成协议的，村民委员会或者乡（镇）人民政府应当制作调解协议书。

调解协议书由双方当事人签名、盖章或者按指印，经调解人员签名并加盖调解组织印章后生效。

第十一条 仲裁庭对农村土地承包经营纠纷应

当进行调解。调解达成协议的,仲裁庭应当制作调解书;调解不成的,应当及时作出裁决。

调解书应当写明仲裁请求和当事人协议的结果。调解书由仲裁员签名,加盖农村土地承包仲裁委员会印章,送达双方当事人。

调解书经双方当事人签收后,即发生法律效力。在调解书签收前当事人反悔的,仲裁庭应当及时作出裁决。

第三章 仲　　裁

第一节　仲裁委员会和仲裁员

第十二条　农村土地承包仲裁委员会,根据解决农村土地承包经营纠纷的实际需要设立。农村土地承包仲裁委员会可以在县和不设区的市设立,也可以在设区的市或者其市辖区设立。

农村土地承包仲裁委员会在当地人民政府指导下设立。设立农村土地承包仲裁委员会的,其日常工作由当地农村土地承包管理部门承担。

第十三条 农村土地承包仲裁委员会由当地人民政府及其有关部门代表、有关人民团体代表、农村集体经济组织代表、农民代表和法律、经济等相关专业人员兼任组成,其中农民代表和法律、经济等相关专业人员不得少于组成人员的二分之一。

农村土地承包仲裁委员会设主任一人、副主任一至二人和委员若干人。主任、副主任由全体组成人员选举产生。

第十四条 农村土地承包仲裁委员会依法履行下列职责:

(一)聘任、解聘仲裁员;

(二)受理仲裁申请;

(三)监督仲裁活动。

农村土地承包仲裁委员会应当依照本法制定章程,对其组成人员的产生方式及任期、议事规则等作出规定。

第十五条 农村土地承包仲裁委员会应当从公

道正派的人员中聘任仲裁员。

仲裁员应当符合下列条件之一：

（一）从事农村土地承包管理工作满五年；

（二）从事法律工作或者人民调解工作满五年；

（三）在当地威信较高，并熟悉农村土地承包法律以及国家政策的居民。

第十六条 农村土地承包仲裁委员会应当对仲裁员进行农村土地承包法律以及国家政策的培训。

省、自治区、直辖市人民政府农村土地承包管理部门应当制定仲裁员培训计划，加强对仲裁员培训工作的组织和指导。

第十七条 农村土地承包仲裁委员会组成人员、仲裁员应当依法履行职责，遵守农村土地承包仲裁委员会章程和仲裁规则，不得索贿受贿、徇私舞弊，不得侵害当事人的合法权益。

仲裁员有索贿受贿、徇私舞弊、枉法裁决以及接受当事人请客送礼等违法违纪行为的，农村土地承包仲裁委员会应当将其除名；构成犯罪的，依法追究刑事责任。

县级以上地方人民政府及有关部门应当受理对农村土地承包仲裁委员会组成人员、仲裁员违法违纪行为的投诉和举报,并依法组织查处。

第二节 申请和受理

第十八条 农村土地承包经营纠纷申请仲裁的时效期间为二年,自当事人知道或者应当知道其权利被侵害之日起计算。

第十九条 农村土地承包经营纠纷仲裁的申请人、被申请人为当事人。家庭承包的,可以由农户代表人参加仲裁。当事人一方人数众多的,可以推选代表人参加仲裁。

与案件处理结果有利害关系的,可以申请作为第三人参加仲裁,或者由农村土地承包仲裁委员会通知其参加仲裁。

当事人、第三人可以委托代理人参加仲裁。

第二十条 申请农村土地承包经营纠纷仲裁应

当符合下列条件：

（一）申请人与纠纷有直接的利害关系；

（二）有明确的被申请人；

（三）有具体的仲裁请求和事实、理由；

（四）属于农村土地承包仲裁委员会的受理范围。

第二十一条 当事人申请仲裁，应当向纠纷涉及的土地所在地的农村土地承包仲裁委员会递交仲裁申请书。仲裁申请书可以邮寄或者委托他人代交。仲裁申请书应当载明申请人和被申请人的基本情况，仲裁请求和所根据的事实、理由，并提供相应的证据和证据来源。

书面申请确有困难的，可以口头申请，由农村土地承包仲裁委员会记入笔录，经申请人核实后由其签名、盖章或者按指印。

第二十二条 农村土地承包仲裁委员会应当对仲裁申请予以审查，认为符合本法第二十条规定的，应当受理。有下列情形之一的，不予受理；已受理的，终止仲裁程序：

（一）不符合申请条件；

（二）人民法院已受理该纠纷；

（三）法律规定该纠纷应当由其他机构处理；

（四）对该纠纷已有生效的判决、裁定、仲裁裁决、行政处理决定等。

第二十三条　农村土地承包仲裁委员会决定受理的，应当自收到仲裁申请之日起五个工作日内，将受理通知书、仲裁规则和仲裁员名册送达申请人；决定不予受理或者终止仲裁程序的，应当自收到仲裁申请或者发现终止仲裁程序情形之日起五个工作日内书面通知申请人，并说明理由。

第二十四条　农村土地承包仲裁委员会应当自受理仲裁申请之日起五个工作日内，将受理通知书、仲裁申请书副本、仲裁规则和仲裁员名册送达被申请人。

第二十五条　被申请人应当自收到仲裁申请书副本之日起十日内向农村土地承包仲裁委员会提交答辩书；书面答辩确有困难的，可以口头答辩，由农村土地承包仲裁委员会记入笔录，经被申请人核实后由其签名、盖章或者按指印。农村土地承包仲裁委员会应当自收到答辩书之日起五个工作日内将答辩书副本送达申请人。被申请人未答辩的，不影响仲裁程序的进行。

第二十六条 一方当事人因另一方当事人的行为或者其他原因，可能使裁决不能执行或者难以执行的，可以申请财产保全。

当事人申请财产保全的，农村土地承包仲裁委员会应当将当事人的申请提交被申请人住所地或者财产所在地的基层人民法院。

申请有错误的，申请人应当赔偿被申请人因财产保全所遭受的损失。

第三节 仲裁庭的组成

第二十七条 仲裁庭由三名仲裁员组成，首席仲裁员由当事人共同选定，其他二名仲裁员由当事人各自选定；当事人不能选定的，由农村土地承包仲裁委员会主任指定。

事实清楚、权利义务关系明确、争议不大的农村土地承包经营纠纷，经双方当事人同意，可以由一名仲裁员仲裁。仲裁员由当事人共同选定或者由农村土地承包仲裁委员会主任指定。

农村土地承包仲裁委员会应当自仲裁庭组成之日起二个工作日内将仲裁庭组成情况通知当事人。

第二十八条 仲裁员有下列情形之一的，必须回避，当事人也有权以口头或者书面方式申请其回避：

（一）是本案当事人或者当事人、代理人的近亲属；

（二）与本案有利害关系；

（三）与本案当事人、代理人有其他关系，可能影响公正仲裁；

（四）私自会见当事人、代理人，或者接受当事人、代理人的请客送礼。

当事人提出回避申请，应当说明理由，在首次开庭前提出。回避事由在首次开庭后知道的,可以在最后一次开庭终结前提出。

第二十九条 农村土地承包仲裁委员会对回避申请应当及时作出决定,以口头或者书面方式通知当事人,并说明理由。

仲裁员是否回避,由农村土地承包仲裁委员会主任决定;农村土地承包仲裁委员会主任担任仲裁员时,由农村土地承包仲裁委员会集体决定。

仲裁员因回避或者其他原因不能履行职责的,应当依照本法规定重新选定或者指定仲裁员。

第四节 开庭和裁决

第三十条 农村土地承包经营纠纷仲裁应当开庭进行。

开庭可以在纠纷涉及的土地所在地的乡(镇)或者村进行,也可以在农村土地承包仲裁委员会所在地进行。当事人双方要求在乡(镇)或者村开庭的,应当在该乡(镇)或者村开庭。

开庭应当公开，但涉及国家秘密、商业秘密和个人隐私以及当事人约定不公开的除外。

第三十一条　仲裁庭应当在开庭五个工作日前将开庭的时间、地点通知当事人和其他仲裁参与人。

当事人有正当理由的，可以向仲裁庭请求变更开庭的时间、地点。是否变更，由仲裁庭决定。

第三十二条　当事人申请仲裁后，可以自行和解。达成和解协议的，可以请求仲裁庭根据和解协议作出裁决书，也可以撤回仲裁申请。

第三十三条　申请人可以放弃或者变更仲裁请求。被申请人可以承认或者反驳仲裁请求，有权提出反请求。

第三十四条　仲裁庭作出裁决前，申请人撤回仲裁申请的，除被申请人提出反请求的外，仲裁庭应当终止仲裁。

第三十五条　申请人经书面通知，无正当理由不到庭或者未经仲裁庭许可中途退庭的，可以视为撤回仲裁申请。

被申请人经书面通知，无正当理由不到庭或者未经仲裁庭许可中途退庭的，可以缺席裁决。

第三十六条　当事人在开庭过程中有权发表意见、陈述事实和理由、提供证据、进行质证和辩论。对不通晓当地通用语言文字的当事人，农村土地承包仲裁委员会应当为其提供翻译。

第三十七条　当事人应当对自己的主张提供证据。与纠纷有关的证据由作为当事人一方的发包方等掌握管理的，该当事人应当在仲裁庭指定的期限内提供，逾期不提供的，应当承担不利后果。

第三十八条　仲裁庭认为有必要收集的证据，可以自行收集。

第三十九条　仲裁庭对专门性问题认为需要鉴定的，可以交由当事人约定的鉴定机构鉴定；当事人没有约定的，由仲裁庭指定的鉴定机构鉴定。

根据当事人的请求或者仲裁庭的要求，鉴定机构应当派鉴定人参加开庭。当事人经仲裁庭许可，可以向鉴定人提问。

第四十条 证据应当在开庭时出示,但涉及国家秘密、商业秘密和个人隐私的证据不得在公开开庭时出示。

仲裁庭应当依照仲裁规则的规定开庭,给予双方当事人平等陈述、辩论的机会,并组织当事人进行质证。

经仲裁庭查证属实的证据,应当作为认定事实的根据。

第四十一条 在证据可能灭失或者以后难以取得的情况下,当事人可以申请证据保全。当事人申请证据保全的,农村土地承包仲裁委员会应当将当事人的申请提交证据所在地的基层人民法院。

第四十二条 对权利义务关系明确的纠纷,经当事人申请,仲裁庭可以先行裁定维持现状、恢复农业生产以及停止取土、占地等行为。

一方当事人不履行先行裁定的,另一方当事人可以向人民法院申请执行,但应当提供相应的担保。

第四十三条 仲裁庭应当将开庭情况记入笔录,

由仲裁员、记录人员、当事人和其他仲裁参与人签名、盖章或者按指印。

当事人和其他仲裁参与人认为对自己陈述的记录有遗漏或者差错的,有权申请补正。如果不予补正,应当记录该申请。

第四十四条 仲裁庭应当根据认定的事实和法律以及国家政策作出裁决并制作裁决书。

裁决应当按照多数仲裁员的意见作出,少数仲裁员的不同意见可以记入笔录。仲裁庭不能形成多数意见时,裁决应当按照首席仲裁员的意见作出。

第四十五条 裁决书应当写明仲裁请求、争议事实、裁决理由、裁决结果、裁决日期以及当事人不服仲裁裁决的起诉权利、期限,由仲裁员签名,加盖农村土地承包仲裁委员会印章。

农村土地承包仲裁委员会应当在裁决作出之日起三个工作日内将裁决书送达当事人,并告知当事人不服仲裁裁决的起诉权利、期限。

第四十六条 仲裁庭依法独立履行职责,不受行政机关、社会团体和个人的干涉。

第四十七条 仲裁农村土地承包经营纠纷，应当自受理仲裁申请之日起六十日内结束；案情复杂需要延长的，经农村土地承包仲裁委员会主任批准可以延长，并书面通知当事人，但延长期限不得超过三十日。

第四十八条 当事人不服仲裁裁决的，可以自收到裁决书之日起三十日内向人民法院起诉。逾期不起诉的，裁决书即发生法律效力。

第四十九条 当事人对发生法律效力的调解书、裁决书，应当依照规定的期限履行。一方当事人逾期不履行的，另一方当事人可以向被申请人住所地或者财产所在地的基层人民法院申请执行。受理申请的人民法院应当依法执行。

第四章 附 则

第五十条 本法所称农村土地，是指农民集体所有和国家所有依法由农民集体使用的耕地、林地、草地，以及其他依法用于农业的土地。

第五十一条 农村土地承包经营纠纷仲裁规则和农村土地承包仲裁委员会示范章程，由国务院农业、林业行政主管部门依照本法规定共同制定。

第五十二条 农村土地承包经营纠纷仲裁不得向当事人收取费用，仲裁工作经费纳入财政预算予以保障。

第五十三条 本法自 2010 年 1 月 1 日起施行。